I0482965

Herramientas y técnicas de creatividad

Volumen 2 de la serie

Creatividad Aplicada

Página oficial de la serie

Habilidades y técnicas esenciales para la creatividad, la innovación y la resolución de problemas

Jairo Siqueira

Jairo Siqueira, 02 2012

3 ª edición

1ª edición en castellano

Editorial: La eBookeria.com

Traductor: Fabian Rueda

(MSc. Gerencia de innovación y tecnología)

Innovacion7x24.com

Editorial: **LaeBookeria.com**

El autor: Jairo Siqueira

Ingeniero con más de 30 años de experiencia empresarial en puestos ejecutivos en empresas como Usiminas, Vale, Sul America Seguros y el Instituto Brasileño de Calidad Nuclear así como consultor independiente en gestión estratégica, garantía de la calidad en instalaciones nucleares, gestión y mejora de la calidad y la innovación en procesos de negocio.

Actuando como consultor y entrenador desde 1993, ha participado en importantes proyectos de innovación y desarrollo de la organización en sectores como la alimentación, energía, logística, metalurgia, minería, petróleo, y salud y seguros.
Estos proyectos incluyen organizaciones como la ANVISA, la Agencia Nacional de Petróleo, Air BP Brasil, ApexBrasil, EBSE - Soluciones de Ingeniería, Eletronuclear, ECT, Embratel, Furnas, el Hospital Samaritano, Hypermarcas, INB - Industrias Nucleares de Brasil, Ministerio de Salud, Ministerio de Justicia, Ministerio de Planificación, Perdigao, Sul América Seguros y Kreditanstalt für Wiederaufbau KfW

Formación en;

- ☐ Desarrollo de metodologías y formación en Creatividad e Innovación, Planificación Estratégica, Gestión del Cambio, Gestión de la Calidad, gestión y mejora de procesos y negociación.
- ☐ Certificados Six Sigma Champion de Juran Institute, Calidad Certificada Auditor jefe por STAT-A-Matrix Institute.
- ☐ Certificación como Auditor y Formador en Aseguramiento de la Calidad en las instalaciones nucleares por el Instituto Brasileño de Calidad Nuclear - IBQN.

Introducción

Creo que convertirse en un pensador más creativo es muy importante, y está al alcance de cualquiera, especialmente para los jóvenes estudiantes y profesionales de los diferentes sectores de la actividad humana. *Ser más creativo* significa ampliar y desarrollar las habilidades para resolver problemas y aprovechar las oportunidades que surgen en la vida cotidiana. Esto implica el dominio de algunas técnicas, herramientas y estrategias que nos ayudan a comprender los desafíos, generar ideas para hacer frente a estos desafíos, seleccionar las mejores opciones y a planificar e implementar eficazmente las medidas de mejora o innovación.

En el primer volumen le enfrentamos con el proceso creativo, sus factores condicionantes, estructurales, los aspectos inhibidores, el bloqueo creativo y los problemas para generar ideas y por último las actitudes comunes en todas las personas creativas y como lograr incorporarlas a su vida; un que debe hacer sencillo y concreto.

En la serie Creatividad Aplicada (Vol. 2) encontrará además un desarrollo exhaustivo de un número importante de herramientas de creatividad. Existe una amplia gama de recursos que reflejan una gran diversidad de estilos y enfoques. En este libro, se presenta una selección de herramientas de creatividad que considero esenciales y suficientes para la mayoría de las situaciones relacionadas con la innovación de productos, servicios y procesos. Las herramientas seleccionadas se han utilizado con éxito en la industria, sino también en el comercio, la publicidad, el gobierno, la educación, el ocio y otros sectores.

Además en el Vol.3 (Criterios de selección de ideas) nos enfrentamos a un proceso aún más difícil, que exige tanto creatividad como planificación, organización, liderazgo y capacidad de decisión; llega el momento de decidir que ideas llevar a cabo, y crear un plan de acción, liderar el grupo y saber como vender sus ideas.

Jairo Siqueira

Índice

Herramientas de la creatividad

Técnicas de creatividad

Las técnicas de creatividad son métodos que nos ayudan a examinar un problema o una oportunidad desde diferentes perspectivas, escapando de los bloqueos mentales, expandiendo nuestra imaginación y combinando ideas en formas diferentes a la estructura convencional del pensamiento.

La literatura especializada ofrece una amplia gama de técnicas y herramientas de apoyo para la generación de ideas, desde metodologías sofisticadas a aquellas basadas en el caos. Hemos dividido en tres categorías principales:

Estímulos psicológicos

Destinadas a provocar su mente y liberarla de los bloqueos mentales que obstruyen su imaginación. La mente actúa libremente y al azar, en la búsqueda la mayor cantidad de ideas posible, sin preocuparse por la "calidad" o la pertinencia de las mismas, algo que debe ser evaluado en un proceso posterior, como mencionamos anteriormente. Podemos incluir en esta categoría el *Brainstorming, el cuestionamiento de suposiciones, Analogía y Metáfora, Desafío Creativo y Provocación*.

Orientación de razonamiento

Son aquellas que ayudan a guiar el pensamiento creativo ofreciendo conceptos y direcciones para la generación de nuevas ideas. Estos métodos son bastante estructurados, con plena libertad de la imaginación, pero siguiendo ciertas directrices generales para asegurar un nivel razonable de relevancia. Esta categoría también incluye herramientas que ayudan a organizar y relacionar la información obtenida así como las ideas generadas. Ejemplos, los *mapas mentales, SCAMPER, el análisis de atributos o el ventilador conceptual (concept fan)*.

Pensamiento inventivo sistemático

Dentro de esta categoría referimos a aquellas técnicas que utilizan una base de conocimiento derivado de las experiencias innovadoras en diferentes campos de la actividad humana. Las técnicas de este grupo se basan en los principios creativos identificados por el ingeniero ruso Genrich Altshuller, mediante la investigación de más de doscientos mil patentes de invención. A través de estos principios, es posible llevar el pensamiento creativo por los caminos ya recorridos por miles de inventores y solucionadores de problemas, encontrar inspiración en sus ideas y encontrar soluciones a problemas similares.

En su origen, estas técnicas han sido desarrolladas para apoyar la solución de problemas técnicos complejos, especialmente en el desarrollo de nuevos productos, sistemas y tecnologías. Sin embargo, en los últimos años hemos experimentado la aplicación de estas técnicas en la solución de problemas sociales y de gestión, incluyendo *TRIZ - Teoría de Resolución de Problemas de Inventiva, ASIT (Advanced Systematic*

Inventive Thinking) y USIT (Unified Structured Inventive Thinking).

Estos tres grupos no son mutuamente excluyentes, es posible combinar herramientas de los diferentes grupos, de acuerdo a su estilo y necesidades; Brainstorming - SCAMPER - Mapas Mentales por ejemplo.

Igualmente válida es la pregunta ¿Por qué son necesarias tantas herramientas? ¿No bastan dos o tres? La respuesta "vigorosa" es *tal vez*, el proceso creativo es complejo y único en cada una de las situaciones que debemos enfrentar, no todos los problemas son iguales, ni los equipos participantes y especialmente la situación del equipo de trabajo frente a los bloqueos mentales; hay grupos más creativos que otros. Es importante tener en cuenta que:

- Las herramientas adecuadas para su persona no tienen porqué funcionar para otros.
- Cada herramienta proporciona un tipo diferente de estímulo y orientación, dando lugar a diferentes ideas.
- Algunas herramientas son más adecuadas para ciertos tipos de problemas y situaciones.
- Algunas herramientas son más apropiadas para ciertas culturas organizacionales.
- Su mente puede *acostumbrarse* a cierta herramienta en particular, disminuyendo su eficacia.

A continuación le presentamos una selección de herramientas, use las que mejor se adapten a su estilo de razonamiento o los problemas que enfrenta y no olvide que puede combinarlas, especialmente el Brainstorming ofrece mejores resultados asociarlo con otras técnicas.

Nota importante.

Cualquiera que sea la herramienta elegida, la calidad de las ideas generadas es proporcional a la calidad de la pregunta formulada, tema desarrollado en el punto anterior la arquitectura de las preguntas creativas. La pregunta correcta es la chispa que encenderá el proceso creativo, no lo olvide, junto con su persistencia, no siempre la respuesta correcta está a la vuelta de la esquina. Pero de algo sí puede estar seguro, sí la pregunta es la adecuada, la respuesta llegará sin dudas. Y por último, no es posible llegar a la respuesta correcta a través de una pregunta errada.

Mapas Mentales

Definición

Los mapas mentales (Mind Maps) son una técnica creada por Tony Buzan, representado por un diagrama usado para representar palabras, ideas, tareas u otros elementos vinculados a un concepto central y dispuestos radialmente alrededor. Es un esquema que muestra las conexiones entre piezas de información sobre un tema o tarea. Los elementos están dispuestos intuitivamente de acuerdo con la importancia de los conceptos. Están dispuestos en grupos, ramificados o áreas.

Por su representación de la información y las conexiones de manera gráfica, radial y no lineal, el mapa mental estimula la imaginación y el flujo natural de las ideas libres más allá de la rigidez de las notas lineales. Los mapas mentales representan, gráficamente, en cierta forma la estructura de pensamiento de nuestro cerebro:

- No trabaje en forma lineal, saltando de una idea a otra, al azar, al ir descubriendo asociaciones.
- Procesa mejor, memoriza y recuerda más fácilmente información que combina palabras, números y secuencias de colores e imágenes, dimensions o símbolos.

Cuándo utilizarlo

Los mapa mentales se utilizan para generar, visualizar, estructurar, clasificar ideas, y como una ayuda en la búsqueda y la organización de la información; planificación de proyectos, campañas, cursos, libros, artículos y otras tareas, resolución de problemas y toma de decisiones, etc . Presenta muchas ventajas frente a la usual "listas de ideas":

- La idea principal está más claramente definido. Se coloca en el centro de la gráfica.
- La importancia relativa de cada idea se indica claramente; cuanto más cerca del centro, es más importante.
- Las conexiones entre conceptos se reconocen inmediatamente.
- Las revisiones son más eficaces y rápidas.
- Fácil adición de nueva información.
- La naturaleza abierta del gráfico estimula el cerebro para hacer nuevas conexiones.

Cómo utilizar la técnica

El mapa mental se puede utilizar de forma individual o por grupos de personas, igualmente combinando con otras herramientas de la creatividad, como la lluvia de ideas.

El mapa mental en seis pasos

1. Comience en el centro. Tome una hoja de papel y escriba en su centro una palabra o imagen que represente el tema o problema que desea resolver.

2. Alrededor del tema central escriba los principales temas relacionados con el tema central. Se puede hacer la analogía a los capítulos de un libro; son estas ideas las que definen la estructura del mapa mental.

3. Conecte esos principales temas con el principal ubicado en el centro mediante líneas.

4. Desdoble cada uno de estos temas principales en temas secundarios, cada uno de ellos conectado a su correspondiente tema principal.

5. Así sucesivamente, si la situación lo exige, puede seguir dividiendo cada tema o asunto en sub-temas, siempre manteniendo la conexión gráfica.

6. Continúe avanzando hasta llegar nivel de detalle requerido.

Las reglas y las técnicas del Mapa Mental

- ☐ Enfatice y evidencie
    - ☐ Utilice siempre una imagen central.
    - ☐ Use diferentes colores.
    - ☐ Introduzca imágenes, símbolos, formas, texturas, etc.
    - ☐ Varíe el tamaño de las letras, líneas e imágenes.
    - ☐ Muestre la jerarquía entre los diferentes niveles de información.
- ☐ No interrumpa el flujo de ideas
    - ☐ Anote las ideas de inmediato a medida que ocurren.
    - ☐ No se detenga a juzgar las ideas, siga pensando.
    - ☐ Deje para más tarde la evaluación, las modificaciones o mejoras.
- ☐ Mostrar las asociaciones
    - ☐ Utilice las flechas para mostrar las conexiones dentro y entre las ramas.
    - ☐ Use colores y símbolos, con forma como triángulos, círculos, rectángulos, etc.
- ☐ Sea claro
    - ☐ Organizar el espacio y deje zonas en blanco para futuras inserciones.

- ⬚ Sólo una palabra clave por línea.
- ⬚ Use letras mayúsculas, ya que son más fáciles de leer y recordar.
- ⬚ Escriba las palabras a lo largo de las líneas.
- ⬚ Longitud de la línea igual a la longitud de la palabra o imagen.
- ⬚ Líneas centrales más gruesas; disminuyendo el espesor a medida que se alejan del centro.
- ⬚ Desarrollar su propio estilo
  - ⬚ Definir un diseño personalizado.
  - ⬚ No use recursos gráficos para demostrar la jerarquía, similitudes y conexiones.
  - ⬚ Utilice su creatividad para crear mapas más alegres, coloridos y artísticos.

Recursos utilizados

Flechas: se puede utilizar para mostrar la relación entre conceptos ubicados en diferentes lugares. Las flechas pueden ser simples o ramificadas y pueden apuntar en cualquier dirección.

Puntuación y símbolos: asteriscos, signos de exclamación e interrogación, cruces y muchos otros símbolos pueden ser usados para mostrar conexiones o destacar algunos datos.

Formas geométricas (bi- o tridimensionales): triángulos, círculos, elipses, rectángulos, pueden ser utilizados para marcar áreas o palabras que tienen alguna semejanza, ejemplo, encerrar con triángulos las posibles soluciones al problema analizado.

Colores: particularmente útiles para ayudar a la memoria y la creatividad, conectando gráficamente ideas relacionadas o delimitando fronteras entre los diferentes temas secundarios.

Aquí encontrará algunas herramientas informáticas para el desarrollo de mapas mentales. Algunos ejemplos los encontrarás en este enlace, buscando en la parte baja la opción "Mapas públicos".

Brainstorming - Tormenta de ideas

Definición

Brainstorming, metodología creada por Alex F. Osborn, es una herramienta enfocada a la generación de nuevas ideas, conceptos y soluciones relacionadas a un tema específico, en un ambiente libre de críticas y de restricciones para la imaginación. Este método se denomina en castellano "Tormenta de ideas", siendo este un término igualmente arraigado en la literatura especializada. Esta tormenta basa su poder en la libre expresión de ideas, sin limitación, juicio o miedo alguno priorizando y fomentando de esta manera la actitud creativa individual y colectiva. metodología creada por Alex F. Osborn, es una herramienta enfocada a la generación de nuevas ideas, conceptos y soluciones relacionadas a un tema específico, en un ambiente libre de críticas y de restricciones para la imaginación. Este método se denomina en castellano "Tormenta de ideas", siendo este un término igualmente arraigado en la literatura especializada. Esta tormenta basa su poder en la libre expresión de ideas, sin limitación, juicio o miedo alguno priorizando y fomentando de esta manera la actitud creativa individual y colectiva.

Cuándo utilizarlo

La tormenta de ideas es ideal para aquellas situaciones donde se requiere una gran cantidad de nuevas ideas en el corto plazo, ofreciendo una gran cantidad de materia primera para el proceso de evaluación, combinación y mejora de estas nuevas ideas. Brainstorming puede ser usado para identificar:

- Ideas
- Sugerencias
- Recomendaciones
- Soluciones
- Obstáculos
- Causas del problema
- Riesgos
- Propuestas
- Tareas a realizar
- Temas
- Oportunidades
- Acciones

Estilo y reglas

Generación libre de las ideas por los miembros de un equipo especialmente conformado para estudiar soluciones a un problema o una oportunidad para analizar, dentro de un período de tiempo de entre 30 y 60 minutos, aunque la duración es flexible en función a la complejidad del problema y la motivación del grupo. El tamaño ideal del equipo varía entre 6 y 12 personas, aunque en ciertas situaciones este número puede ser mayor. Es importante sin embargo evitar grupos demasiado grandes, por la dificultad de gestión que implican.

Una sesión de *lluvia de ideas* tiene como objetivo generar la mayor cantidad de ideas posibles, inusuales, extravagantes, absurdas o revolucionarias, ese es el objetivo. Para asegurar la cantidad, diversidad y originalidad durante las sesiones de Brainstorming debe seguir estrictamente las cinco reglas:

1. *Queda prohibido totalmente el emitir juicios*, cualquier tipo de evaluación, sea "estás loco", "eso no funciona", "es una utopía" hasta una simple risa. Cualquier tipo de juicio generará, especialmente en aquellos miembros del equipo más tímidos, miedo, temor o algún tipo de bloqueo mental. La etapa de evaluación de las ideas es un segundo paso. En esta etapa se busca que los participantes se sientan cómodos compartiendo sus pensamientos, en un ambiente libre, creativo y abierto a cualquier propuesta. Todas las ideas son consideradas potencialmente valiosas

2. La cantidad es importante: *cuanto más, mejor,* y mayor será la probabilidad de encontrar una idea realmente creativa, sea como una solución única o en combinación con otras.

3. *Total libertad*, la intención es dar alas a la imaginación, ninguna idea es lo suficientemente extraña a obviarla. Alguna de las ideas más en *apariencia absurdas* funcionan usualmente como puentes o gatillos, fortaleciendo el proceso creativo. Ella puede servir de puente a las ideas originales e innovadoras. Ideas que en un principio parecen poco prácticas pueden ser modificados y convertirse en viables y valiosas.

4. *Combinar ideas* durante la sesión es bienvenido. Cualquier miembro del grupo es libre de presentar nuevas ideas, que parten o se derivan de modificar alguna ya presentada. Sin embargo es importante conservar las ideas originales. .

5. Asegúrese que todo slo miembros del grupo tengan *igualdad de oportunidades* para presentar sus ideas. La diversidad es muy importante, y se debe motivar a aquellos miembros del grupo más tímidos o adversos a conversar.

Cómo utilizar la técnica

El éxito de una sesión de lluvia de ideas depende, fundamentalmente, que cada participante entienda el proceso, sus funciones y responsabilidades. Este proceso consta de los siguientes pasos:

4.1 Identificación de la necesidad del Brainstorming

El primer paso del proceso de la *lluvia de ideas* es para asegurar que es realmente la técnica adecuada para solucionar el problema que enfrenta. La lluvia de ideas debe tener un propósito bien definido así como una clara percepción de los beneficios a generar por las ideas y las soluciones resultantes.

4.2. La selección del equipo

El siguiente paso es decidir quién va a formar parte del equipo, siendo el tema y el propósito del proceso los criterios más importantes para esta selección:

- ¿Quiénes son los expertos en el tema?
- ¿Quiénes son los afectados / interesados?
- ¿Quiénes son las personas creativas que puedan contribuir?
- ¿Quién es aquel con la competencia de adoptar un enfoque equilibrado y la práctica?
- ¿Quién tiene la información relacionada con el tema?
- ¿Los miembros potenciales del equipo están disponibles?
- ¿Cuáles son sus limitaciones de tiempo?
- ¿Quién será el facilitador?

La selección del moderador es una decisión de gran importancia, ya que será el responsable de las actividades antes, durante y posterior a la sesión de lluvia de ideas. Estas responsabilidades incluyen:

- Asegurarse de seguir y hacer respetar las reglas del brainstorming.
- Mantenga las actividades dentro del alcance definido.
- Fomentar la participación activa de todos los miembros del equipo.
- Preparar una lista de preguntas de orientación para hacer frente a cualquier disminución en la producción de ideas. Algunos ejemplos podrían ser ¿Cómo podemos combinar estas ideas? ¿Porqué no analizamos estas ideas desde otra perspectiva?
- Mantener el flujo de ideas y no permitir que el decaimiento de la energía creativa.
- Tomar nota del 100% de las ideas generadas.

4.3. Preparación de la sesión

El secreto del proceso creativo durante esta sesión es la preparación, empezando por algunas precauciones básicas:

- Evaluación del impacto sobre el objetivo y el alcance de la sesión.
- Impactos sobre el enfoque, funciones y responsabilidades.
- Impactos sobre la ubicación, fecha y duración.
- Garantizar los recursos necesarios, tales como la logística, instalaciones y servicios de apoyo.

- Informar, a través de un memorando oficial, a los participantes de la sesión, sobre el problema a analizar, la fecha, la duración y el lugar de la reunión.
- Pedir a los participantes que se preparen con antelación, invitándolos a analizar el caso, recolectar impresiones, opiniones incluso mediante encuestas o entrevistas sí es el caso, y sí el tiempo se los permite.

Las instalaciones, los recursos y el tiempo disponible son elementos esenciales, para crear un ambiente propicio para la creatividad -tranquilo, cómodo y lejos del escritorio - y que todos los recursos necesarios están disponibles en el lugar y tiempo determinado.

4.4. Generar ideas

Es muy importante dedicar el tiempo suficiente para esclarecer a los participantes los objetivos de la sesión creativa, el rol asignado a cada uno y las cinco reglas que se deben seguir durante el proceso.

La definición del problema y su presentación a los participantes es tal vez el elemento clave de todo el proceso, y uno de las más subestimados. Describa el problema y dedique el tiempo necesario para que todos los miembros del equipo sientan que han entendido el asunto al que se enfrentan, de esta manera evitará que el grupo tome caminos equivocados, perdiendo tiempo al tratar temas e ideas fuera del alcance definido. Una acción preventiva es el detallar en un folio de papel el problema y fijarlo a la pared frontal.

En esta etapa se produce la generación y recopilación de ideas. Siga los siguientes pasos:

- Establezca la duración máxima de la sesión para generar ideas. Asigne a alguien para manejar el tiempo.
- Comunique el problema en forma de una pregunta, y asegúrese que todo el mundo entiende.
- Dé unos minutos para que cada participante entienda la situación y posteriormente solicite que ofrezcan sus ideas. En este momento debe decidir si la recolección de ideas será realizada de una manera estructurada, o no estructurada.
    - Estructurada: el facilitador define una rotación para que cada persona aporta una idea a cada paso. Es posible pasar el turno sí esa persona no se siente preparada o no tiene una idea a transmitir.
    - No estructurados: las personas presentan sus ideas a medida que surjan. Este método exige que el facilitador vigile mucho más de cerca el proceso, asegurando que se respeten las reglas y que todos los miembros participen.
- Escriba las ideas en un folio, pizarra u otro instrumento equivalente, visibles para todo el grupo. Esto evita la duplicación, malos entendidos y ayuda a estimular el pensamiento creativo en el grupo.

- ⬜ Anote las ideas tal y como las transmite el generador de la misma, no intente interpretarlas.
- ⬜ Trate de hacer una lista tan larga como sea posible, agotando las ideas de los participantes (si esto es posible) o el tiempo definido para la sesión..
- ⬜ Planee algunas pausas para que los participantes puedan relajarse, tomar un café y hablar libremente con sus compañeros de equipo.
- ⬜ Después de completar la etapa de generación, es importante aclarar el significado de las ideas presentadas y así asegurar que todo el equipo comparta sus opiniones al respecto. Sí es necesario solicite al autor de la ida una mejor explicación, y confirme que cada uno de los participantes entiende la situación.
- ⬜ Si dos o más ideas parecen ser lo mismo es necesario combinarlos y así eliminar los duplicados. Para ello es necesario obtener el consentimiento de los autores de las ideas, de lo contrario generará una situación negativa. Si existe alguna negativa, deje las ideas intactas.

4.5. Elaborar y recopilar las ideas

Después de la fase inicial de la generación de ideas llega el momento para revisar, desarrollar y agrupar estas ideas para así facilitar el análisis. Esto permite igualmente al equipo identificar oportunidades para añadir nuevos puntos de vista o complementar algunas de las ideas. El proceso creativo no se limita a la etapa de generación.

El proceso de **clasificación de las ideas** se refiere a la identificación de conceptos comunes entre las ideas y su agrupación en categoría. Por ejemplo, considerando las ideas creadas para mejorar el diseño de un coche, un equipo concluyó que los siguientes conceptos se encuentran en docenas de ideas generadas: desempeño, visual, costo, conveniencia, seguridad y medio ambiente. La siguiente tabla muestra la agrupación de ideas generadas:

Categorías	Ideas
Desempeño	Estacionamiento automático, controles activados por ondas neuronales, modo anfibio, modo helicóptero
Visual	Más opciones de colores, diseños provenientes de pintores famosos
Costo	Polímeros ligeros para reducir peso
Conveniencias	Interior autolimpiante, pintura autolimpiante, vidrio fotocromático, elimina automáticamente los olores
Medio Ambiente	Carro totalmente reciclable
Seguridad	Luces de neblina automáticas, Airbag para peatones

La agrupación de las ideas es un paso muy importante para el desarrollo y mejora de las ideas generadas. La agrupación facilita su análisis, la identificación de ideas similares y posible combinación. También permite redirigir esfuerzos en la creación de nuevas ideas en categorías poco exploradas en la etapa inicial o que se muestran muy prometedores y necesarias. Tenga en cuenta que algunas ideas pueden clasificarse en más de una categoría. Igualmente le recomendamos usar el diagrama de afinidad (*Capítulo III - Desarrollo y selección de ideas*) para llevar a cabo la agrupación de ideas de manera sistemática y ordenada.

Al finalizar esta etapa debe contar con una larga lista de ideas, que ahora puede clasificar en **cuatro grupos** teniendo en cuenta la estrategia de desarrollo de cada una de ellas:

Listas para implementar

Ideas que pueden implementarse rápidamente. Requieren sólo de pequeños ajustes.

Conceptos prometedores

Concepto utilizable, pero la idea necesita alguna modificación para ser implementada, algo más de tiempo en el desarrollo y mejora debe ser invertido.

Conceptos interesantes

Un concepto genérico útil, pero no poco desarrollado como para ser evaluado ahora. Tiene potencial para ser desarrollado al mediano plazo, especialmente en conjunto con otras ideas.

Muy verdes - Ideas al largo plazo

Tal vez algún día puedan ser implementadas, pero no en el corto plazo.

4.6. Priorizar y seleccionar

Después de la agrupación y clasificación de las ideas generadas, es importante reducir el número de ideas a ser implementadas en el corto plazo para así canalizar y enfocar esfuerzos y recursos en aquellas con mayor potencial y viabilidad. Para ello es muy importante definir criterios consistentes sobre la selección de las ideas.

Hay varios factores que pueden utilizarse como criterios de evaluación, que van desde el simple uso del sentido común y la sabiduría colectiva del grupo, pasando por el análisis basado en criterios objetivos, cualitativos y cuantitativos, como por ejemplo:

- Los costos de desarrollo y evaluación.
- Tiempo requerido.
- Valor percibido por los clientes.
- Nivel de riesgo técnico.
- Disponibilidad de personal cualificado.
- Disponibilidad del equipamiento requerido.

La matriz operativa que encontrará en el *Capítulo III - Desarrollo y selección de ideas,* le ofrece un método estructurado para la priorización y selección de ideas.

Al finalizar el proceso de priorización se recomienda reflexionar y evaluar los resultados obtenidos, poniendo a prueba los mismos frente a su intuición; ¿Son los resultados consistentes con los objetivos?

Por último es muy importante mantener la motivación del equipo participante comunicando lo valioso que ha sido contribución, en número de ideas o proyectos potenciales, y se le mantenga informado de los progresos obtenidos y el plan de acción.

Variaciones del proceso de Brainstorming tradicional

La *lluvia de ideas* se ha convertido, por su éxito y flexibilidad, en una especie de *técnica tradicional*, sin embargo el método tradicional puede enfrentar problemas y en algunas ocasiones fallar en su objetivo. Por eso es importante estar preparado e implementar algunas pequeñas variaciones:

5.1. Lluvia de ideas avanzadas

Asumimos que durante una tormenta de ideas los miembros del equipo dejan caer sus inhibiciones y de un momento a otro expresan, sin temor alguno, sus pensamientos más atrevidos en relación al tema a desarrollar; y como podemos suponer, muchas veces no es así de fácil. Las razones pueden ser, entre otras:

- Todos los participantes provienen de la misma cultura organizacional, limitados por los mismos paradigmas, creencias y prejuicios.
- Muchas personas dudan de su creatividad.
- Los participantes no conocían las técnicas de creatividad.
- O son prisioneros de sus especialidades (rigidez funcional).
- Inconscientemente están dominados, como una gran mayoría, por la idea de la existencia de *una sola respuesta correcta*.
- Sienten miedo de cometer errores y ridículo.

☐ O se sienten incómodos frente a la incertidumbre y la ambigüedad.

En estos casos, los participantes requieren de la orientación para enfrentar esos miedos, escapar de las soluciones obvias y recorrer nuevos caminos. El denominado **Brainstorming avanzado** incluye, además de la tradicional lluvia de ideas, otras técnicas de creatividad que ayudan al equipo a superar sus inhibiciones, aumentando el número y la diversidad de las nuevas ideas. Cualquiera de las técnicas de creatividad que le presentamos a continuación, pueden ser utilizadas en combinación a la tormenta de ideas; los **mapas mentales**, **SCAMPER**, el **análisis de atributos**, por ejemplo.

5.2. Brainwriting

En esta variación, cada miembro del equipo debe escribir sus ideas en pedazos de papel, y sin identificar el autor, pasarlas al facilitador, para que las publique en el folio a la vista de todo el equipo. Una herramienta valiosa en este caso son los famosos Post-it. Igualmente es posible usar herramientas informáticas como el correo electrónico o los Wikis. La idea principal es que los participantes no se vean expuestos al saber quien es el autor de cual idea. Un elemento negativo es la tendencia a aumentar el número de participantes debido a la facilidad en la recolección de ideas que ofrece el correo electrónico, por ejemplo.

5.3. Brainwriting 6-3-5

El nombre describe literalmente el proceso de generación de ideas; un grupo de seis (6) personas debe escribir tres (3) ideas en cinco (5) minutos.

Descripción del problema: Cómo............ ?

N ☐	Idea 1	Idea 2	Idea 3
1			
2			
3			
4			
5			
6			

Cada participante debe describir el problema en la parte superior de la ficha, escribir tres ideas en la línea superior (línea 1) redactada en una frase concisa y completa, durante los primero 5 minutos. Al cabo de ese tiempo, asegurando que todos los participantes hayan terminado, cada uno de ellos debe pasar la ficha al participante a su derecha, iniciando otros 5 minutos, con la tarea de escribir sus tres (3) ideas en la segunda línea de la ficha. Al finalizar cada ficha cuenta con seis (6) líneas, incluyendo tres (3) ideas cada una; 108 ideas.

5.4. Lluvia de ideas individuales

Algunas personas piensan mejor cuando trabajan solos. En este caso, es posible aplicar las reglas del Brainstorming individualmente.

5.5. Brainstorming híbrido

Como su nombre lo define, se combina el proceso de creación individual con la creación colectiva. La presentación del problema debe realizarse en equipo, resolviendo dudas y aclarando las reglas a seguir.

Se establece un calendario y cierto número de ideas, que al transcurrir el plazo serán entregadas por cada participante al facilitador y presentadas en una reunión con todo el equipo de trabajo. Durante esa reunión se evaluarán los resultados, se combinarán y mejorarán las ideas desarrolladas.

Método Delphi

Definición

El método Delphi es una técnica de trabajo en equipo usada para obtener la opinión de personas seleccionadas sobre un tema concreto a través de una serie de consultas (rondas). A partir de la segunda ronda, cada participante recibe retroalimentación sobre los resultados de la ronda anterior, por lo tanto, después de la primera ronda los participantes se ven influidos por las opiniones de sus colegas. El proceso se lleva a cabo por un coordinador que centraliza la comunicación y así mantener el anonimato de los participantes, así como evitar el ruido causado por contenido irrelevante o redundante. El objetivo es, gradualmente, aclarar y expandir los puntos de vista sobre un tema, identificar puntos de acuerdo o desacuerdo y establecer prioridades.

Cuándo utilizarlo

Esta técnica es útil cuando el tiempo, la distancia, los costos y otros factores hacen imposible el reunir a las personas seleccionadas en un solo lugar, o cuando se desea mantener la privacidad y el anonimato, evitar la vergüenza o la influencia indebida de participantes dominantes. Otro objetivo es reducir la presión *para forzar el cumplimiento*, algo muy común en algunos grupos.

El método Delphi es flexible, aplicable en grupos de diversos tamaños. Esta técnica se ha aplicado con diferentes objetivos, tales como la evaluación de ideas en problemas complejos, planes de acción, evaluación de los pro y contra de ciertas políticas, incluso para la recolección de opiniones de expertos sobre ciertos temas y sus predicciones en áreas como la política, economía, tecnología.

A continuación presentamos una adaptación del método Delphi para la obtención y la evaluación de las ideas para la solución creativa de problemas complejos.

Cómo utilizar la técnica

Con el uso del método Delphi es posible recopilar opiniones e ideas de manera asincrónica y remota, por ello es ideal el uso de herramientas informáticas como los mencionados correo electrónico, wikis o herramientas diseñadas para esa aplicación. Este método es, por definición, un proceso de exploración de un tema específico, que implica la interacción entre el coordinador y un grupo de expertos e interesados en el tema, por lo general mediante el uso de una serie de cuestionarios.

A continuación se describen los pasos básicos del método, los cuales pueden ser modificados para satisfacer las necesidades específicas de cada situación. Algunas situaciones pueden requerir la repetición de algunas medidas con el fin de estudiar algunos temas o aclarar puntos específicos.

- Definición del problema:

Se identifica el problema a solucionar y se describe con claridad para facilitar su comprensión, sea a través de un cuestionario o una pregunta amplia y abierta. Es muy importante garantizar que el problema sea definido y comunicado de la mejor manera posible, de lo contrario as respuestas carecerán de credibilidad, o los miembros del equipo se sentirán frustrados y desmotivados.

El problema debe ser transmitido de tal manera de estimular el grupo a generar ideas innovadoras, evitando el camino de las respuestas obvias. Es posible igualmente desarrollar o intentar solucionar uno o varios problemas simultáneamente, dependiendo de amplitud de los conocimientos y la experiencia de los participantes.

- Establecer los criterios de evaluación:

Deben ser criterios coherentes para la evaluación de las ideas presentadas por el grupo. Hay varios factores que se pueden adoptar en la priorización de las ideas, que van desde el simple uso del sentido común y el conocimiento colectivo del grupo, hasta el uso de los análisis basados en criterios objetivos, cualitativos y cuantitativos. Algunos criterios objetivos que se pueden utilizar:

☐ Factibilidad: lo que es técnicamente y operativamente posible, inmediatamente o en un futuro próximo.

☐ Viabilidad: Ideas que pueden ser económicamente sostenibles.

☐ Aceptabilidad: lo que se considera útil y necesario y que tenga sentido para las personas.

Nota: Ver *Criterios para la Evaluación de Soluciones Creativas* (Capítulo III - Desarrollo y Selección de Ideas), que proporciona orientación sobre los criterios de selección. Después de seleccionar los criterios a utilizar, genere una hoja de evaluación con una escala de puntuación y el significado del valor numérico:

Ejemplos de descripción de niveles de puntuación

1	Nada satisfactorio	Débil	Totalmente en desacuerdo
2	Poco satisfactorio	Insuficiente	En desacuerdo
3	Satisfactorio	Suficiente	De acuerdo
4	Muy satisfactorio	Excelente	Totalmente de acuerdo

- Seleccione participantes:

Esto incluye cualquier persona que pueda aportar ideas para el tema a desarrollar, sean expertos en la materia o no. Explique claramente el propósito del proyecto, el funcionamiento de un grupo Delphi y sus diferentes etapas, la importancia del problema a estudiar, las contribuciones previstas por el grupo y los criterios utilizados para la evaluación de las ideas presentadas. Asegúrese de que todas las dudas sean aclaradas.

- Primera ronda:

Envíe la descripción del proceso al grupo y pídales que presenten sus contribuciones en forma de *ideas para resolver el problema presentado*. Recopile y organice las ideas para así facilitar el proceso de análisis y considere la opción de agruparlas en categorías, identificando conceptos comunes en algunas ideas. Esto permitirá al grupo que identifique las oportunidades para añadir nuevas ideas y explorar nuevas formas de pensar. Debe tener mucho cuidado durante el proceso de categorización, evitando prejuicios y sesgos por parte del coordinador.

- Segunda ronda:

Presente la lista de las ideas recibidas en la primera ronda de análisis al grupo, con la intención que los participantes enriquezcan esas ideas con nuevos pensamientos o desarrollar algunas ideas generales en recomendaciones más concretas y específicas. Considere la opción de marcar o no las ideas generales que precisan de mayor desarrollo. La lista enviada **no** debe identificar a los autores de las ideas aceptadas. Recopile los resultados de la segunda ronda, con las nuevas ideas y reagrupe de nuevo en categorías y elementos comunes, siguiendo el proceso después de la primera ronda.

- Tercera ronda:

En esta etapa debe desarrollar el cuestionario para la evaluación y clasificación de ideas utilizando los criterios de evaluación elegido. Envíe el cuestionario a los participantes y solicite su aporte, adjudicando una valor de puntuación a cada idea, según la escala presentada. Organice los resultados recibidos, y consolide los datos en una hoja de cálculo, de la consolidación de los resultados de cada idea, como se ilustra en la siguiente tabla, donde el coordinador presenta las puntuaciones medias en cada criterio adoptado (F = Factibilidad, V = Viabilidad , A = aceptabilidad).

Ideas presentadas	F	V	A
Idea A	3,7	2,3	3,9
Idea B	2,1	2,7	1,8
Idea C	3,8	3,5	2,6

- Cuarta ronda:

Estos resultados deben ser ser enviados a los participantes, solicitando su opinión y ofreciendo la oportunidad de reconsiderar las evaluaciones sugeridas en la ronda anterior. Cambios radicales en los puntajes deben estar acompañados de sus razones. Es posible que estos cambios sean reflejados en una copia de la hoja de cálculo con los resultados de la tercera ronda, como muestra el ejemplo, con las nuevas puntuaciones entre paréntesis:

Ideas presentadas	F	V	A

Idea A	2	4 (2)	3
Idea B	1 (2)	3	2 (3)
Idea C	3	3	4

Confirme y difunda los cambios y los resultados finales.

Fortalezas del Método Delphi

Es una técnica ideal en las siguientes situaciones:

- Es necesaria contar con un alto número de participantes, lo que impide el uso de otras técnica de creatividad.
- En el caso que por elementos logísticos (tiempo, costos) sea imposible juntar a todos los participantes para una sesión creativa.
- El problema no requiere del uso de técnicas analíticas precisas e incluso puede beneficiarse de juicios subjetivos colectivos.
- La heterogeneidad de las opiniones de los participantes debe ser preservada para garantizar la validez de los resultados.
- La gravedad de los desacuerdos entre los participantes en el pasado o la existencia de graves deficiencias en la comunicación entre los individuos recomienda mantener el anonimato de los miembros del equipo y la información sobre la autoría de las ideas.

Limitaciones del Método Delphi

El problema principal que enfrenta el método Delphi es llegar a un consenso errado debido a problemas en la conducción. Las razones más comunes para el fracaso del método:

- Seguir la hipótesis errada que el método Delphi puede sustituir todos los procesos de comunicación humana dependiendo de la situación.
- La imposición de opiniones y prejuicios por parte de la persona coordinadora. Esto puede suceder como consecuencia de la formulación de preguntas sesgadas o manipulaciones en la compilación de

las respuestas.

- ▢ Formulación errada de las preguntas presentadas a los participantes.
- ▢ Mala elección de los criterios de evaluación y clasificación de las respuestas.
- ▢ Técnicas mediocres de compilación de datos, categorización y presentación de las respuestas del grupo.

Cuestionamiento de suposiciones

Definición

Es el proceso de cuestionar la validez de las normas, los procedimientos, las situaciones, la información o el comportamiento asumido como cierto e indiscutible. Estamos rodeados de supuestos al respecto de por qué existen y de cómo funcionan. Nos hemos acostumbrado a aceptar y no cuestionar estos supuestos. De hecho, tenemos una gran dificultad para ver y reconocer estos supuestos, y en consecuencia con mucha frecuencia, estos supuestos se invocan como razones y justificaciones para evitar cambios, *para dejar las cosas como están.*

Los paradigmas que dominaron la industria automotriz estadounidense en el siglo 70 son un ejemplo clásico de suposiciones erróneas que llevaron a General Motors entre otras empresas a perder mercado frente a los fabricantes de automóviles japoneses:

- ▢ GM está en el negocio para hacer dinero, no coches.
- ▢ El éxito no viene de liderazgo tecnológico, sino de la posesión de recursos para adoptar rápidamente las innovaciones introducidas con éxito por otros.
- ▢ El coche es ante todo un símbolo de estatus, por lo tanto, el estilo es más importante que la calidad ya que los compradores, en última instancia, cambiarán su coche cada dos años.
- ▢ El mercado de automóviles de los Estados Unidos está aislado del resto del mundo. Los competidores extranjeros nunca conquistarán más de un 15% de nuestro mercado interno.
- ▢ La energía siempre va a ser barata y abundante.
- ▢ Los trabajadores no tendrán mucho impacto en la productividad y calidad del producto.
- ▢ El cambio en la preferencia de los consumidores no representa una preocupación de una parte importante de la opinión pública estadounidense.
- ▢ El gobierno es un enemigo. Debemos luchar con uñas y dientes por cada centímetro del camino.
- ▢ Controles fuertes están centralizados son el secreto de una buena administración.

⬜ Los gerentes deben formados internamente.

* Citado por Ralph H. Kilman en *Gerenciando sin recurrir a soluciones paliativas* - Editorial Qualitymark.

Cuándo utilizarlo

Este método puede utilizarse en diversas situaciones, siendo especialmente eficaz cuando nos sentimos paralizados por los paradigmas de pensamiento o vacío de ideas. También es muy efectivo a la hora de revitalizar una reunión improductiva.

Estilo

Enfoque lógico, de corta duración; se puede utilizar ya sea individualmente o como una base para una sesión de lluvia de ideas.

Cómo utilizar

4.1. Lista de suposiciones

Examine la situación estudiada con mente abierta. ¿Cuáles son las suposiciones que aceptamos en relación a ese asunto (negocio, producto, mercado, etc.)? ¿Que nos parece tan obvio que no nos atrevemos a cuestionarlo?

Si no puede encontrar supuestos, es que realmente usted está asumiendo que no existen; este es el primer supuesto que debe cuestionar. Algunos ejemplos:

⬜ Que es imposible llevar a cabo ciertas actividades, sobre todo dentro de ciertos límites de tiempo y costo.

⬜ Que los clientes prefieren (o les desagrada) ciertos colores, sabores, formas, tamaños, modelos, lugares, tiempos, etc.

⬜ Que ciertas cosas funcionan debido a ciertas reglas o condiciones.

⬜ Que las personas creen, piensan o necesitan ciertas cosas.

Recuerde que toda situación, actividad, proceso de trabajo, producto o servicio se basa en ciertas suposiciones. Por ejemplo, la empresa puede haber asumido que las entregas requieren de un mínimo de tres días, y que además esto no es un problema para los clientes. ¿Es esto cierto? En otro ejemplo es posible que la decisión de centralizar las operaciones de una empresa se haya basado en el supuesto de que las mismas sería más efectivas, económicas y eficientes, resultando en una mayor satisfacción al cliente. ¿Estos deseos se hicieron realidad?

4.2. Desafía los supuestos

Altere la base de sus suposiciones, *suponga* que desde este momento todo puede ser colocado en tela de juicio, cuestione y dude de cualquier suposición, por ejemplo:

- Pregunte: ¿Qué pasaría si esto no fuese cierto? ¿Si fuese diferente?
- Pregunte: ¿Qué pasaría si lograsemos disminuir el tiempo a la mitad?
- Pregunte: ¿Qué pasa si invertimos el orden?
- Pregunte: ¿Qué pasaría si hiciéramos esto en otro lugar? ¿En otra ciudad? ¿En otro país?

Ciertamente durante este proceso se encontrará a su vez con nuevos supuestos; responda a estas suposiciones con nuevos desafíos.

4.3. Encontrar la manera de tornar realidades en desafíos

Es fácil imaginar los desafíos durante una sesión de creatividad, aunque el verdadero reto es hacer que sucedan. Use el mismo principio para enfrentar los obstáculos, que son generalmente creados por las suposiciones, hábitos y paradigmas. Hay que cuestionar y desafiar:

- Conceptos y teorías que dan forma a nuestra manera de pensar.
- Las hipótesis y creencias que no son cuestionadas.
- Compromisos qué crees que debería suceder.
- Limitaciones: fronteras y límites que no se han cruzado.
- Operaciones y procesos a través del cual se hacen ciertas cosas.
- Imposible: cosas que no se supone que suceda o ser hecho.
- Esencial: cosas que son supuestamente indispensables.
- Los modelos y patrones de organización, el comportamiento, la apariencia, etc.
- Funciones: cómo funcionan las cosas.
- Paradigmas: las ideas dominantes que guían o restringen el pensamiento.
- Las tendencias polarizantes que lleva la gente a los extremos.
- Las vacas sagradas: las cosas que no se pueden tocar.

Las vacas sagradas dan los mejores bifes

Graffiti en una pared en París en la década de 1960.

Estas dos técnicas que tienen por objeto estimular la mente a escapar de los patrones establecidos de pensamiento y abrirse a nuevas posibilidades en todas las direcciones del pensamiento.

Desafío creativo

La primera técnica tiene como objetivo el crear *insatisfacción creativa* con respecto a la situación actual. No importa lo excelente que funciona el proceso, ¿es la única manera de hacerlo? ¿por qué debe hacerse de esta manera? ¿hay otras formas de hacerlo?

El desafío creativo asume dos actitudes cuestionadoras:

- Hay siempre una mejor manera de hacer las cosas.
- Algo es hecho de una manera por razones que antes existían, y que es posible que hoy no estén presentes.

Es importante que el desafío creativo *no sea visto como una crítica*, esto sería limitar seriamente la creatividad, debido a la actitud defensiva que genera. Igualmente no es un juicio del desempeño o el rendimiento, sino simplemente la exploración de nuevas posibilidades, que en cualquier caso puede resultar en mejoras o no frente a las prácticas actuales.

Para evitar que el desafío creativo sea recibido como una crítica, es importante formular el desafío como un objetivo específico y ambicioso - *¿Qué podemos hacer para reducir el tiempo de servicio al cliente de 8 a 2 días? ¿Desde qué otra perspectiva debemos observar este proceso? ¿Cuáles son los conceptos dominantes, supuestos, reglas y límites que restringen nuestra imaginación? ¿Son realmente necesarias, inmutable o indispensables?*

Provocación

Con una provocación formulamos declaraciones con el objetivo de hacer reaccionar nuestra mente reacciona, y *ayudarla* a ponerse en marcha. La provocación puede ser tanto una declaración razonable como una propuesta imposible, contradictorio, ilógica o incluso *estúpida*. El objetivo es cuestionar los métodos asumidos como ciertos y esos procedimientos establecidos, establecidos como *intocables*.

A la hora de provocar, generamos suspenso, incertidumbre que nos motiva a generar respuestas, las cuales son un punto de partida para la construcción de ideas y soluciones creativas.

Imagínese la siguiente provocación: "Las casas no deberían tener paredes." A primera vista suena absurdo, pero puede llevarnos a ideas tales como paredes móviles, que permitan por ejemplo cambiar el tamaño de las habitaciones, unir la casa al jardín, o por ejemplo el uso de paredes de vidrio que aumentan la disponibilidad de luz natural .

Podemos poner en tela de juicio un proceso u objeto en función a su existencia, su secuencia, el tiempo de duración o sus resultados, tomando varias formas:

1. _Exclusión;_ negando el objeto o tarea, dejándolo a un lado o simplemente continuar sin él.
2. _Inversión;_ el flujo normal del proceso se invierte, las actividades se realizan en la dirección opuesta.
3. _Exageración;_ las medidas o dimensiones normales (número, tamaño, peso, frecuencia) aumentando o disminuyendo las (a excepción de cero).
4. _Distorsión:_ una relación normal entre las partes o la secuencia normal de eventos se cambia arbitrariamente, creando una distorsión de la situación.
5. _Fantasía:_ la expresión de una deseo imposible de cumplir que - _Sería genial entregar las pizzas antes que los clientes las ordenen._

Después de la provocación, utilice la siguiente lista de comprobación para examinar todos sus aspectos:

- Las consecuencias.
- ¿Qué beneficios puede traer?
- ¿Qué circunstancias especiales pueden hacer que sea una solución razonable?
- Los principios necesarios para hacerlo operativo.
- ¿Cómo funcionará, paso a paso?
- ¿Qué pasa si se cambia la secuencia de los acontecimientos?
- Observaciones generales.

La analogía y la metáfora

Definición

Sea enseñando a alguien nuevos conocimientos o resolviendo un problema, una de las mejores opciones es comparar lo desconocido o problemáticas con algo que nos es familiar y comprensible. Este es el método de la _analogía_: utilizar una cosa o proceso que posee semejanzas al problema o respuesta que deseamos aclarar.

- _Analogía:_ Relación o punto de similitud, creado mentalmente, entre las cosas o seres diferentes.

▢ *Metáfora:* Figura del lenguaje que consiste en establecer una analogía de significados entre dos palabras o frases, empleando una por la otra. Ejemplos: *"dar alas a la imaginación", "astuto como un zorro", "la necesidad es la madre de la invención".*

En el pensamiento creativo, las analogías y metáforas se utilizan por sus cualidades evocadoras, para ver qué ideas pueden revelar, y sobre todo como apoyo en el análisis del problema. En la búsqueda de puntos de similitud entre la analogía y el problema, nuevos aspectos del problema salen a la vista ofreciendo nuevos caminos y enfoques. En la resolución de problemas, analogías y metáforas se utilizan para romper visiones estereotipadas o evidentes.

La idea es comparar una situación con algo que, a primera vista, puede parecer que tienen poco en común, pero al ubicar el problema en un contexto diferente observamos la semejanza. El estudio de las similitudes y diferencias de circunstancias análogas nos ayuda a ser más objetivos y a entender mejor el problema.

Un ejemplo del uso de esta técnica es la comparación de una organización empresarial con una familia, con un equipo de fútbol, con un hormiguero o con una colmena de abejas, con cualquier otro tipo de comunidad o sistema organizado. Estas comparaciones pueden incluir los siguientes temas, entre otros:

▢ La estructura de la organización.

▢ La diversidad de habilidades y conocimientos de los miembros de estas organizaciones.

▢ ¿Cómo estas habilidades y conocimientos son combinados y armonizados?

▢ El liderazgo, la autoridad y la toma de decisiones.

▢ Las demandas y características de liderazgo.

▢ Los patrones de comunicación, las relaciones, la coordinación y apoyo.

Cuándo utilizarlo

Esta técnica se debe utilizar cuando tenemos dificultades al observar el problema desde nuevas perspectivas, y no conseguimos escapar de de las ideas obvias. El uso de analogías y metáforas permite mirar el problema desde una perspectiva totalmente diferente y puede ayudarnos a entender situaciones problemáticas que por lo general no comprendemos desde desde la perspectiva de las situaciones reales.

¿Cómo elegir la mejor analogía?

Cuanto más extraña la analogía, a mayor distancia entre la fuente del problema y el problema o desafío, mayor es la probabilidad de generación de ideas inusuales. Sin embargo, los siguientes puntos deben tenerse en cuenta en la elección de una analogía:

Similitud: una fuente de la analogía y el problema o proceso estudiado debe compartir algunas características comunes. En el ejemplo anterior, una organización empresarial tiene en común con sus analogías en base a la estructura organizacional, el liderazgo, los miembros, los patrones de comunicación, etc.

Estructura: cada elemento fuente de la analogía debe corresponder a un elemento de la situación discutida, así como una correspondencia general en la estructura.

Propósito: la creación de analogías debe ser orientada hacia el objetivo principal, que es la solución de los problemas. En el ejemplo citado, la elección de esa analogía relaciobada con la organización empresarial depende de la naturaleza del problema original, por ejemplo liderazgo débil, falta de planificación, falta de trabajo en equipo, comunicación deficiente, mala calidad y baja productividad. Si la analogía elegido es inadecuada y no da lugar a enfoques innovadores, intente con otras.

Cómo utilizarlo

El proceso básico para el uso de la técnica de analogías y metáforas:

- ⬚ Defina el reto o problema a resolver.
- ⬚ Seleccione una fuente de analogías, siguiendo el ejemplo del punto anterior *"Cómo elegir la mejor analogía"*.
- ⬚ Elija las propiedades de la fuente de analogías relacionadas con el problema o reto.
- ⬚ Encuentre las similitudes y conexiones entre la fuente de analogías y el desafío o problema. Evite ser demasiado estricto durante este proceso, deje que su mente explore libremente las conexiones, tome vía libre y las ideas surgirán naturalmente.

Biomimetismo - La naturaleza como fuente de analogías

Biomimetismo (imitación a la vida) es la nueva rama de la ciencia dedicada a la comprensión de los principios utilizados por la naturaleza y el uso de ellos como estímulos para las innovaciones. Las innovaciones de la naturaleza, que han sido desarrollados y perfeccionadas continuamente durante millones de años, proporcionan una inventario inagotable de ideas y soluciones ingeniosas. Además de las contribuciones a las innovaciones tecnológicas, estas ideas también han contribuido a la causa de la protección del medio ambiente.

Muchos de los conceptos innovadores que los ingenieros y los científicos están adoptando de la naturaleza basan en el principio de sostenibilidad. La naturaleza siempre logra sus objetivos con economía; un mínimo de energía, conserva los recursos y recicla completamente los residuos. Muchos investigadores estudian las soluciones desarrolladas por la naturaleza y procurar adaptarlas como solución a sus problemas o como ideas para nuevos productos.

Dos ejemplos clásicos de innovaciones basadas en las lecciones de la naturaleza son los inventos del cierre *velcro y la máquina desmotadora de algodón*. El Velcro es un invento de George de Mestral (1907-1990), inventor suizo, que durante un día del verano de 1948, después de recorrer el campo con su perro, se dió cuenta que al volver estaba cubierto de cardos, una semilla de arbustos que se fija en el pelo de los animales y sobre la ropa. La curiosidad del señor Mestral le llevó a examinar las semillas bajo el microscopio y así entender cómo se aferraban con tanta fuerza a la tela, descubriendo pequeños ganchos que se entrelazan con los pequeños bucles de la tela.

De allí nace la idea de una unión con dos partes; una fija, con ganchos duros y una flexible como la tela de sus pantalones. Así nace el Velcro, para competir con la cremallera, siendo perfeccionada durante las siguientes décadas, facturando Velcro Industries millones de dólares por año. Este principio es la solución que encontró ese arbusto para el problema de transporte de sus semillas; y es la base del invento de este producto.

El segundo ejemplo es la desmotadora de algodón de Eli Whitney (1765-1825) que literalmente *revolucionó* la industria del algodón. Este equipo separa automáticamente las semillas de la pelusa generando ahorros de costes extraordinarios, ya que hasta ese momento el proceso se realizaba de manera manual. Este invento se basa en las observaciones del Sr. Whitney al ver a su gato sacar plumas de una jaula, usando las patas. Whitney también utilizó el mismo método, usando pequeñas garras para separar el algodón, reproduciendo este principio natural.

Otros ejemplos de Biomimetismo, generado soluciones para problemas o la creación de nuevos productos:

- La nariz de delfín; modelo de una protuberancia con forma de pera en la proa de un barco, que permite cruzar los océanos cruzados con menos resistencia al agua, reduciendo el consumo de combustible.
- Ingenieros de Airbus copiaron la piel de tiburón, una lámina de cobre de áspera textura, ubicada en la parte baja del ala, disminuyendo la fricción en un seis por ciento (6%) y en consecuencia menor consumo de combustible.

☐ Las superficies autolimpiables basadas en la hoja de loto.

El ventilador conceptual

Definición

Es una técnica creada por Edward De Bono, es una búsqueda estructurada de ideas a través de rutas alternativas proporcionadas por enfoques o conceptos. Establecido el reto, que puede ser una innovación radical o de mejora, tratamos de responder a la pregunta: *¿Cómo podemos llegar allí?* El proceso se desarrolla como una cascada: a partir del desafío, buscamos las directrices, a continuación los conceptos, y finalmente, las ideas.

Diagrama conceptual:

Desafío: es el objetivo deseado, la ambición, la solución o mejora de la situación actual. Por ejemplo, *reducir el tiempo de actualización de manuales técnicos de los actuales treinta (30) a cinco (5) días.*

Orientaciones: Son conceptos muy generales que definen la dirección a ser explorada. Son las respuestas más amplias y generales a la pregunta *¿Cómo?*: Ejemplo: *Simplificación de la secuencia principal.*

Conceptos: Son métodos o maneras generales de hacer algo. Son respuestas igualmente genéricas a la pregunta *¿Cómo?* formulada a partir de las directrices. Ejemplo:

Pregunta: *¿Cómo simplificar la secuencia principal?*

Respuesta 1 (concepto): Eliminar duplicidades.

Respuesta 2 (concepto): Eliminar retrabajos.

Ideas: Maneras concretas o específicas de poner en funcionamiento un concepto. Las ideas son las respuestas prácticas, que pueden ser puestas directamente en acción. Ejemplo:

Pregunta: *¿Cómo eliminar el retrabajo?*

Respuesta 1: Capacitar a los responsables de la revisión del manual sobre técnicas de redacción y el diseño.

Respuesta 2: Mantener actualizada la base de datos sobre legislación y normas técnicas.

Cuándo utilizarlo

Si desea escapar de las soluciones obvias y encontrar enfoques diferentes para explorar una oportunidad para innovar o resolver un problema.

Cómo utilizar

3.1. Construcción

Es una manera ordenada de representar la generación de nuevas ideas a partir de un desafío. Su desarrollo parte de la búsqueda de respuestas a la pregunta ¿cómo?, de forma progresiva, a través de tres etapas: directrices, conceptos e ideas. Las directrices y los conceptos sirven como una especie de *puente* a las ideas innovadoras, siendo definidos en base al análisis crítico de la situación actual y de los obstáculos que impiden la realización del desafío.

Si lo desea, puede utilizar el concepto de mapa mental para construir gráficamente el concepto (aquí algunos ejemplos), colocando el desafío en el centro de la página y siguiendo los pasos a continuación:

Paso 1: Escriba su desafío.

Paso 2: Repita varias veces la pregunta ¿cómo? y anote las respuestas en el siguiente nivel del mapa, que representarán las directrices, mostrando el camino a seguir.

Paso 3: A su vez, repita la pregunta *¿cómo?* por cada directriz, generando conceptos derivados de la directriz.

Paso 4: Repita la secuencia, usando la pregunta *¿cómo?* frente a cada concepto, usando el siguiente nivel del mapa mental, generando en este caso ideas para solucionar el reto.

Paso 5: Por último, desarrolle las ideas generadas y seleccione las más prometedoras.

¿Por qué preocuparse en elaborar directrices y conceptos? ¿Por qué no ir directamente a la generación de ideas?

La innovación es, ante todo, el escapar de ese sinnúmero de conceptos dominantes que fungen de *filtro* de ideas e informaciones que según esos conceptos establecidos son *irrelevantes o absurdas*. Al mantenernos dentro de esa camisa de paradigmas, encontraremos *ideas que realmente ya tenemos*, no ideas realmente innovadoras. El uso de nuevos conceptos plantea nuevas perspectivas e ideas que, de otra manera, no serían consideradas relevantes, *serían filtradas*.

En algunos casos, la creatividad incluye el desarrollo de nuevas ideas basadas en conceptos existentes, pero se llevaron a la práctica a través de ideas débiles o o se han quedado obsoletos. Los conceptos crean una agenda de trabajo definen un foco para dirigir el esfuerzo creativo; la aceptación de un concepto ubica a los miembros de un mismo lado frente al problema, lo que facilita la generación y aceptación de ideas innovadoras.

3.2. Siguiendo el camino inverso

Usualmente este proceso se desarrolla en la secuencia siguiente:

Desafío >>> Directrices >>> Conceptos >>> Ideas

Sin embargo sabemos que nuestro cerebro es bastante es poco disciplinado, saltando en muchas situaciones directamente desde el desafío a las ideas. En estos casos, es importante, incluso si parecen lejanas, es importante insistir y definir los conceptos y directrices relacionados con el reto, ya que ofrecen alternativas sobre nuevas ideas.

- Para encontrar el concepto de idea pregunte ¿Cómo ayuda esta idea?
- Para encontrar la directriz a partir del concepto encontrado pregunte ¿Cómo nos ayuda este concepto?

Tomemos como ejemplo de la aplicación de esta técnica, el problema que representa la congestión del tráfico en las grandes ciudades. Una idea que surge de inmediato es "el transporte solidario". Para encontrar el concepto asociado podemos preguntar: ¿De qué manera esta idea ayudar a reducir la congestión del tráfico? La respuesta sería: aumenta la densidad de personas por vehículo, siendo este el concepto que nace de la idea original. Para encontrar la directriz asociada a este concepto nos preguntamos: ¿Cómo nos ayuda este concepto?, obteniendo como respuesta: La reducción del número de vehículos.

La directriz (reducir el número de vehículos) y el concepto (aumento de la densidad de personas por vehículo) nos pueden ayudar en la generación de nuevos conceptos e ideas mediante la aplicación de la pregunta ¿cómo?

Algunos conceptos aplicables en la generación de ideas innovadoras

La siguiente lista presenta algunos conceptos que pueden ser utilizados en la innovación o mejora de procesos, productos o servicios:

- Centralizar o descentralizar
- Simplificar (reducir la complejidad) - Estandarizar

- Mejorar el formato, la apariencia, el estilo
- Aumentar o disminuir
- Ser más elegante
- Dividir o multiplicar
- Invertir el orden o el flujo
- Combinar, establecer conexiones
- Integrar las funciones
- Facilitar su uso
- Más duradero
- Más ágil, rápido
- Más flexible, versátil
- Más seguro
- Mejorar el atractivo sensorial (gusto, tacto, olfato, oído, etc.) o emocional (agradable, alegre, amable, cortés, etc.)
- Reemplazar o modificar los materiales, las formas, el espacio y otros atributos.

SCAMPER

Definición

El método SCAMPER, creado por Alex F. Osborn y Robert Eberlee es un conjunto de siete operadores (verbos manipuladores) que permiten la exploración de diferentes maneras para transformar un objeto, sistema o proceso. El nombre de esta herramienta proviene de las iniciales de los siete operadores: Sustituir, Combinar, Adaptar, Modificar, Proponer otros usos, Eliminar y Reorganizar. En esencia, es una lista de preguntas que buscan estimular la creatividad, basado en la noción que muchas cosas nuevas resultan de modificaciones o combinaciones de las elementos existentes.

Cuándo utilizarlo

Utilice SCAMPER para encontrar innovaciones de mejora o la reedición de objetos, sistemas o procesos existentes. Se puede utilizar en diferentes áreas, desde la resolución de problemas o desafíos personales y laborales hasta en la mejora de procesos, productos y servicios.

Estilo

Esta técnica combina el uso de estímulos psicológicos con el pensamiento creativo orientado; la imaginación es canalizada a través de los operadores con el fin de explorar caminos definidos. Los siete operadores funcionan como posibles soluciones genéricas, a partir de las cuales las personas son instadas a imaginar soluciones más específicas.

Ejemplo:

Problema: ¿cómo reducir los accidentes domésticos con niños?

Idea general: combinar las acciones de los médicos y los trabajadores sociales.

Solución específica: aprovechar las sesiones de orientación para las mujeres embarazadas para instruir sobre la prevención de accidentes domésticos.

Cómo utilizarla

Puede ser utilizado de de forma individual o por equipos de trabajo, y combinado con otras herramientas de la creatividad, como la lluvia de ideas o los mapas mentales.

4.1. Definir el problema

Una definición clara del problema es, como en varias de las técnicas, uno de los pasos más importantes y a la vez uno de los más olvidados. Describa el problema o asunto para el que está buscando ideas y asegurarse de que todo el mundo entiende el propósito del proceso.

4.2. La técnica SCAMPER

A continuación le presentamos los siete (7) operadores, y algunas preguntas típicas que sirven de gatillos para estimular el pensamiento creativo.

Estructura de la técnica SCAMPER

Operador

Piense en...

Algunas preguntas típicas

S - Sustituir

Sustitución de parte del producto o proceso por otra opción. Considere la posibilidad de la sustituir materiales, formas, espacio, color, ubicación y otros atributos.

¿Qué puedo sustituir para obtener una mejora? ¿Qué pasará si se reemplaza esto con eso? ¿Puedo cambiar de lugar, tiempo, materiales o personas? ¿Puedo utilizar otros materiales? ¿Puedo cambiar esta elemento por otro?

C - Combinar

Combinación de una o más partes o atributos para así obtener nuevo producto o proceso. Combinar, mezcla o conexión de objetos o sistemas.

¿Qué materiales, características, tareas, personas, productos, procesos o componentes puedo combinar? ¿Cómo puedo aumentar la sinergia?

A - Adaptar

Qué partes o características del producto o proceso puede ser adaptado para resolver el problema. Qué ideas o soluciones de otras industrias se pueden adaptar.

¿Qué ideas se pueden copiar, adaptar o incorporar? ¿Qué procesos se pueden adaptar otras industrias? ¿Qué lecciones podemos sacar de situaciones similares?

M - Modificar

Aumentar, disminuir o cambiar parte o la totalidad de la situación actual. Considere la posibilidad de modificar la forma, tamaño, peso, tiempo, frecuencia, etc.

¿Qué pasaría si puedo aumentar, disminuir o deformar un elemento característico del producto o proceso? ¿Multiplique o dividir el objeto o proceso en varias partes?

P - Proponer otros usos

Encuentre otros usos u otros mercados para este producto o proceso, o como reutilizar algún elemento para solucionar su problema.

¿En que otro mercado podemos vender este producto? ¿Qué otros usos tiene este producto? ¿Quién más podría estar interesado en este producto o servicio?

E - Eliminar

Qué pasaría si elimina varias partes o características de un producto o proceso, y que sucedería en esta situación.

¿Cómo simplificar esto? ¿Qué partes pueden eliminarse sin afectar los resultados? ¿Qué es prescindible?

R - Reorganizar

Invertir la secuencia de realización de las tareas o la forman en la que están dispuestas las partes del producto. Trate de ver la situación desde diferentes ángulos. Explore nuevas configuraciones de tiempo y espacio.

¿Qué sucede si cambiamos la secuencia de actividades? ¿O la secuencia de ensamblaje? ¿Cómo podemos obtener el efecto contrario?

Nota: las preguntas anteriores no se aplican a todas las situaciones. Hay que extraer el significado de las preguntas genéricas y desarrollar una cuestionario propio, relevantes para su desafío y grupo de trabajo.

4.3. Definir su estrategia

Es importante definir si el grupo trabajará con la totalidad o solo con algunos operadores. Igualmente puede dividirse el uso de estos operadores entre los subgrupos de trabajo, recopilando las ideas generadas por cada equipo, y ofreciendo tiempo a los participantes para construir nuevas ideas en función a las ya generadas.

4.4. Ejemplos de usos de los siete operadores

	Operador	Ejemplos
S	Sustituir	Cirujanos que utilizan adhesivo para cerrar las incisiones en lugar de suturas.
C	Combinar	Teléfonos celulares que combina la música de telefonía, GPS, SMS, internet, reloj, despertador, fotografía, etc.
A	Adaptar	El uso de redes sociales como Facebook y Twitter, para la promoción de productos y servicios de marketing.
M	Modificar	Reducción de las dimensiones y el peso de los teléfonos y ordenadores portátiles.
P	Proponer otros usos	Los neumáticos usados usados para producir zapatos o como componente de asfalto.
E	Eliminar	Tarjeta de débito elimina el uso de cheques.
R	Reorganizar	Restaurantes donde el cliente elige y paga la comida en la caja antes de

		dirigirse a la mesa.

Análisis de atributos

Definición

Esta técnica nos exige desmembrar la entidad a ser analizada, sea un objeto, sistema, diseño, idea, etc., en sus atributos o componentes, y analizar sus partes en lugar de la entidad como un todo. La idea se basa en identificar y caracterizar las partes (atributos) del objeto analizado y generar ideas para, por ejemplo:

- Encontrar nuevos usos para un objeto basado en la explotación de las propiedades de sus atributos.
- Encontrar nuevas formas de un objeto, el sistema o el diseño de las combinaciones de valores diferentes que pueden mostrar sus atributos.
- Encontrar soluciones a un problema complejo al explorar soluciones a los diversos componentes de la situación problemática.

Atributo es una característica o propiedad de una entidad (objeto, sistema, proyecto, etc.), cualquier detalle que sirva para identificar, calificar, clasificar, cuantificar o expresar el estado de una entidad. Los atributos de un coche puede ser su fabricante, el modelo, su color, los atributos de una novela son los personajes, el tema (drama, comedia, etc), el trama, la ubicación, la época (pasado, presente o futuro), el clima. Los atributos de una estrategia de negocio pueden ser: los mercados de destino, los productos ofrecidos y los precios, canales de distribución, las habilidades disponibles, etc.

Una entidad puede ser descrita por los valores de sus atributos. Por ejemplo, un lápiz, sus atributos le describen en función al tipo de madera, la forma (cilíndrica, hexagonal), el color del acabado, la dureza de grafito (HB, 2H, 3H, etc), el color de grafito (negro rojo, azul, etc.) y otros detalles que sirven para diferenciarlo. Los distintos valores que pueden ser asumidas por estos atributos se pueden combinar de diversas maneras y así generar nuevas combinaciones, nuevos tipos de "lápices". La identificación de los atributos puede ser realizado a través del uso de lista de chequeo (checklists):

- *Física:* material, forma, color, peso, olor, tamaño, estructura, sabor, velocidad, flexibilidad, resistencia, temperatura, magnetismo, propiedades químicas.
- *Psicológicos:* imágenes, simbolismo, sentimientos, emociones.
- *Funcional:* uso, aplicaciones, funciones.
- *Personas:* quién está involucrado,,, poder adquisitivo, nivel de educación.
- *Varios:* costo, precio, la reputación, el origen, la clase que pertenece.

Cuándo utilizarlo

Esta herramienta se recomienda cuando se desea crear o mejorar un producto, servicio, sistema, proceso o proyecto, o resolver un problema complejo a través del análisis de sus partes. Altamente racional y adecuado para hacer frente a los problemas de ingeniería así como para aquellas personas que prefieren los enfoques analíticos.

Cómo utilizar

4.1. Nuevos usos para un objeto

Para utilizar esta técnica, es prioridad elaborar una lista con atributos del objeto, y en segundo lugar, concentrarse en cada uno de los elementos y explorar nuevas aplicaciones. Por ejemplo, a causa de defectos en la línea de producción, un fabricante de rodamientos cuenta con 500.000 esferas de acero inoxidable con un diámetro ligeramente por encima de las especificaciones. Si nos hacemos la pregunta, "¿Qué se puede hacer con estas 500.000 esferas?", es difícil encontrar una respuesta, pero si analizamos sus propiedades, como la esfericidad, peso, material, brillantez, dureza, el hecho de ser magnetizable, podemos explorar nuevos usos en base a estos atributos.

En este caso, la pregunta sería "¿Qué puedo hacer yo con 500.000 objetos de X peso?" , "¿Qué podemos hacer con 500.000 esferas brillantes?". Repitiendo estas preguntas para cada uno de los atributos, sin duda que obtendrá un sinnúmero de potenciales aplicaciones posibles, como por ejemplo en el caso del peso, para dar equilibrio a los tractores, las grúas, pisapapeles, balanzas, entre muchos otros.

4.2. Encontrar nuevas maneras

En caso que el objetivo sea encontrar nuevas presentación o aplicaciones para sus productos, sistemas o proyectos:

- ☐ En primer lugar, elabore una lista con los atributos del objeto.
- ☐ Construya una tabla asignando una columna por cada atributo.
- ☐ En cada fila escriba los diferentes valores que el atributo respectivo pueda asumir. La herramienta de lluvia de ideas puede ser útil en esta etapa.
- ☐ Al finalizar la tabla, cuenta con todas las variaciones posibles por atributo.
- ☐ Seleccione al azar una de las entrada en la primera columna y combine con valores de otras columnas. Cada combinación representa un potencial producto.
- ☐ Por último, seleccione las combinaciones, con mayor potencial y posteriormente las más factibles.

Por ejemplo, imagine que desea crear un nuevo diseño para una lámpara. El primer paso es identificar las características de este producto, como por ejemplo la fuente de energía, tipo de bombilla, intensidad de la luz, tamaño, acabado y el material. A continuación debe determinar las diferentes valores que puede adoptar cada atributo, y llevarlo a la columna que corresponde:

Fuente de energía	Bombilla	Intensidad de luz	Tamaño	Estilo	Acabado	Material
Batería	Halógeno	Baja	Muy grande	Moderno	Negro	Metal
Red eléctrica	Bulbo	Media	Grande	Romano	Blanco	Cerámica
Solar	Colorido	Alta	Medio	Art Noveau	Metálico	Concreto
Generador	Luz natural	Variable	Pequeño	Clásico	Terracota	Hueso
Alcohol			Portátil	Clasico	Esmaltado	Vidrio
Gas				Medieval	Natural	Madera
Aceite					Tejido	Piedra

						Plástico

Algunas de las combinaciones interesantes pueden ser:

- Una lámpara de cerámica de aceite en estilo romano, para uso en restaurantes temáticos, recordando a las lámparas de aceite usado en la antigüedad.
- Una lámpara de mesa normal, diseñado para ser pintado o cubierto con tela, y así coincida con la decoración del medio ambiente.

Es importante evaluar las combinaciones resultantes en función a la experiencia del fabricante y su conocimiento del mercado. No todas las ideas serán factibles.

4.3. Solucionar problemas complejos

En el caso de requerir esta técnica para problemas de mayor complejidad, donde la descomposición del sistema en atributos, elementos más específicos, puede ser de gran ayuda. A menudo el análisis de atributos es una forma de reconocer que un problema complejo está compuesto por la combinación de problemas menores, es un medio para aislar las variables que componen el problema, y detectar cambios puntuales que pueden derivar en la mejora del conjunto.

Por ejemplo, consideremos el problema de la pobreza, y sus atributos: la gente, la mala nutrición, el analfabetismo, el desempleo, la falta de motivación, baja autoestima, falta de transporte, número de hijos, asistencia de salud de baja calidad y la mala calidad de la vivienda. A su vez, cada uno de estos atributos pueden ser analizados con el fin de desarrollar soluciones específicas y prácticas. Algunos de estos atributos a su vez pueden desglosarse en problemas aún más específicos.

Nueve ventanas

Definición

Un obstáculo común dentro del proceso de innovación y la resolución de problemas es la dificultad de definir el problema debido a la complejidad de la situación. Problemas complejos requieren ser analizados desde diferentes perspectivas, y así lograr una definición adecuada. La técnica de las **Nueve Ventanas** es una alternativa para desentrañar detalles complejos, siendo esta una herramienta visual que nos permite evaluar diversas perspectivas, especialmente en el análisis y las posibles soluciones en términos de tiempo y escala.

La dimensión **Tiempo** es representada usualmente en términos de pasado, presente y futuro. La dimensión **Escala** usa conceptos de la jerarquía de sistemas; macrosistema, sistema y subsistema. La idea principal de la técnica es dividir el universo del problema en nueve segmentos:

	Pasado (Preventivo)	Presente	Futuro (Correctivo)
Macrosistema	*¿Qué hacer al nivel macro, para prevenir este problema?*	*¿Cuál es el macrosistema inmediato? ¿Hasta que punto debemos subir?*	*¿Qué hacer al nivel macro, para corregir este problema?*
Sistema	*¿Qué hacer para prevenir este problema a este nivel?*	*El problema inmediato*	*Después del proceso de producción, ¿Qué hacer para corregir las fallas?*
Subsistema	*¿Qué hacer al nivel de subsistema, para prevenir este problema?*	*¿Cuáles son los subsistemas? ¿Hasta qué punto debemos descender?*	*Después de la producción de los subsistemas, ¿Qué hacer para corregir las fallas?*

Un *subsistema* representa cada una de las partes que componen el sistema como un todo, el *macrosistema* representa el entorno en el que sistema funciona. Respecto a la variable **Tiempo**, el *pasado* se asocia con medidas preventivas -¿qué hacer para prevenir errores?- a su vez el *futuro* se asocia a medida correctivas, acciones a tomar después de cometer los errores. La variable **Tiempo** en la técnica de las **nueve ventanas** es bastante flexible; inicia al siguiente minuto de finalizada la producción - o en el caso del pasado, este finaliza el minuto anterior al inicio de la producción.

Cuándo utilizarlo

Es posible utilizar esta técnica durante las diversas etapas del análisis y solución de problemas complejos: la comprensión de la situación, definición del problema, recopilación de datos, análisis de causa raíz, la generación de ideas, la selección y evaluación de soluciones. Esta herramienta nos obliga a buscar las causas del problema y sus soluciones dentro de esas *nueve ventanas*. Es un excelente recurso para comprender, resumir y comunicar una situación compleja.

Estilo

Altamente racional y adecuado para abordar problemas complejos, así como para personas que prefieren los enfoques analíticos. Se utiliza tanto para los estudios individuales y de grupo. Cada ventana de la matriz se relaciona con una parte específica de la situación general, lo que representa tres importantes beneficios:

- Amplía nuestra perspectiva y nos anima a considerar todos los aspectos de la situación;
- Nos permite enfocarnos en una ventana, seguros de que sin duda vamos a considerar otras ventanas;
- Permite concentrarnos en los detalles sin perder de vista el conjunto.

Cómo utilizarla

La mayor dificultad en el uso de esta técnica se puede producir en la identificación del *Sistema*, *Subsistema*, y el *Macrosistema*. La siguiente tabla muestra algunos ejemplos de estos tres conceptos y sus relaciones:

	Ejemplo 1	*Ejemplo 2*	*Ejemplo 3*	*Ejemplo 4*
Macrosistema	Transporte	Sociedad Sistema vial	Editorial Librerías	Condominio Barrio
Sistema	Automóvil	Sistema de vías	Libro	Apartamento
Subsistema	Motor Frenos Carrocería	Automóviles Caminos Calles	Páginas Palabras Conceptos	Paredes Telefonía Puertas

En la siguiente tabla podemos observar un ejemplo de esta técnica aplicada al diseño de una pluma, y así ilustrar aspectos relativos al tiempo y la escala a considerar en el análisis del problema o el diseño de un nuevo producto.

	Pasado (antes de escribir)	Presente (persona escribiendo)	Futuro (Después de escribir)
Macrosistema	Proyecto del producto Padrones técnicos Planificación de mercadeo Canales de venta	Usuario Mesa Papel Ambiente	Efectos sobre el ambiente
Sistema	Montaje Embalaje Entrega Almacenaje Venta	Pluma siendo usada por el escribiente	Recarga Desechos
Subsistema	Fabricación de componentes individuales	Tapa Cuerpo Tubo de tinta Tinta	Reciclaje y reuso de componentes

Nuestro nuestro cerebro se enfoca automáticamente en el **Presente** (ventana central), en otras palabras, si nos enfrentamos con el reto de diseñar una mejor pluma, nuestro cerebro imagina inmediatamente a una persona con una pluma (sistema) en la mano y el proceso de escribir (presente). La técnic de las nueve ventanas nos obliga a tomar en cuenta otras perspectivas:

- Contexto más amplio (macrosistema), incluyendo la persona antes de tomar la pluma, el el papel utilizado, la mesa, etc.
- Contexto más específico (subsistema), como los componentes de la pluma, la punta, tapa, tinta, etc.
- Tiempo pasado: diseño, fabricación, envasado, transporte, preparación para escribir, etc.
- Tiempo futuro: que sucede con la pluma inmediatamente después de terminar de escribir, el final de su vida útil, etc.

La técnica de los **nueve ventanas** nos ayuda a superar la inercia mental que nos une al **Presente - Sistema**. Nos obliga a abstraernos a un nivel superior al sistema que vemos, y analizar elementos posteriores y anteriores al uso de la pluma. En resumen, cuando analizamos el proceso de mejora del diseño de un producto o la solución a un problema, visualizamos el problema desde **nueve diferentes perspectivas,** combinando temporalidad (pasado, presente y futuro) con el espacio (subsistema, sistema y macrosistema). Por ejemplo el caso de una cadena de hoteles sueca, que diseñó el mobiliario de sus apartamentos considerando *no sólo los costes reales y la comodidad de sus huéspedes*, sino también *los costos futuros* de disponer de ellos, el potencial de reciclaje y su reutilización.

Hay varias maneras de utilizar los conceptos de *pasado, presente y futuro* para analizar y resolver un problema, por ejemplo con este simple método, la formulación de las siguientes preguntas en cada una de las nueve ventanas:

- Pasado: ¿Si pudiese retroceder en el tiempo, que haría para prevenir el problema?
- Presente: ¿Si pudiese hacer algo diferente en este momento, para evitar el problema, qué haría?
- Futuro: El problema sucedió y no pude evitarlo, ¿cómo se puede solucionar?

Usando la técnica de las nueve ventanas obtenemos ese mismo número de perspectivas para enfrentar el problema, desde una vista general, observando una selva, hasta el análisis más específico, observando los árboles uno a uno.

Introducción

Las herramientas de creatividad presentadas hasta ahora (lluvia de ideas, SCAMPER o el análisis de suposiciones) se basan principalmente en estímulos psicológicos, promoviendo cambios en la actitud y patrones de pensamiento que existen en un grupo de trabajo, con la intención de generar ideas que hasta ese momento no han sido generadas por el equipo. Sin embargo, estas técnicas tienen una limitación; no introducen nuevos conocimientos, utilizan el ya existente junto con la experiencia que los participantes aportan al equipo.

La *técnica de pensamiento inventivo sistemático (PIS)*, basado en principios inventivos de **TRIZ** (*Teoría de Resolución de Problemas de Inventiva*) desarrollados por Genrich Altshuller, que sintetizan una base de conocimientos derivados de las experiencias innovadoras en diferentes campos de la actividad humana. A través de estos principios, el pensamiento creativo puede seguir los caminos ya recorridos por miles de inventores y creativos, inspirándose en sus ideas y en las soluciones generadas a problemas similares.

Pensamiento inventivo sistemático (PIS) es una adaptación libre de estos principios que deben aplicarse en la solución creativa de problemas técnicos de *baja y mediana complejidad*, problemas operativos y de gestión, innovación de procesos de negocio y mejora de la calidad y de la productividad. Por problemas técnicos más complejos deben utilizarse los principios y herramientas de la *metodología TRIZ*. La metodología que se presenta a continuación se basa en el modelo de ASIT (Advanced Systematic Inventive Thinking) desarrollado por Roni Horowitz y las mejoras propuestas por Toshio Takahara.

Definiciones

Objeto:

una entidad definida en el tiempo y el espacio con características que lo diferencian de su entorno, pudiendo interactuar con otros objetos para modificar o impedir la modificación de sus atributos.

Ejemplos de objetos: una bola, un motor, un tornillo, agua, un gas, un animal, una pieza de información.

Atributo: propiedad que distingue y caracteriza a un objeto.

Ejemplos de atributos:

- masa: peso, densidad, distribución de la masa, etc.

- tamaño y forma: longitud, área, volumen, forma, etc.
- estructura de la superficie y la estructura interna del objeto.
- propiedades mecánicas de flexibilidad, dureza, resistencia, resonancia, etc.
- propiedades ópticas: color, transparencia, índice de refracción, etc.
- propiedades eléctricas: conductividad eléctrica, capacidad eléctrica, la carga eléctrica, voltaje, etc.
- propiedades térmicas: temperatura, conductividad, un punto de fusión / evaporación, etc.
- propiedades electromagnéticas y magnéticas: magnético, susceptibilidad magnética, etc.
- producto químico: composición química, la concentración, la reactividad química, el pH, etc.
- características de funcionamiento: operatividad, flexibilidad, facilidad de fabricación / mantenimiento / control, etc.

Factor agravante: un factor que complica la situación y hace que sea más difícil.

Factor útil: un factor que cambia la situación para mejor.

Factor neutral: un factor que no afecta a la situación problemática.

Función: acción que modifica o impide la modificación de atributos.

Ejemplos de funciones: cambio de la elevación, modificar constantes, fijar una posición, cambiar un color, aumentar el calor, etc.

Función útil: todo lo relacionado con un sistema, siendo beneficioso: actividades, acciones, procesos, productos, etc.

Función perjudiciales: factor de indeseables asociados con el sistema: costo de diseño del sistema, el espacio que ocupa, el ruido que emite, la energía que consume, recursos para mantenerla, etc.

Fijación funcional: un fenómeno mental que nos impide percibir la capacidad de un objeto para asumir un papel diferente a su función normal.

Recursos: todo lo que existe en un sistema y sus alrededores, pudiendo contribuir a la solución de un problema. Incluye el tiempo libre, el espacio, la energía, la información, las conexiones, los materiales, las personas (conocimientos, habilidades, actitudes y relaciones), etc.

Sistema ideal: aquel que realiza una función sin llegar a existir, no ocupa espacio, no tiene peso, y no requiere el trabajo o el mantenimiento. Produce beneficios sin costo o daño.

Universo del problema: es el entorno en el que se produce el problema, es decir, donde se encuentran los límites de los objetos (u objeto) que causan el problema, o contribuyen con el mismo, objetos afectados por el problema (víctimas) y otros objetos relacionados como aquellos objetos causadores o víctimas.

La metodología de pensamiento inventivo sistemático - PIS

La metodología del PIS se basa en dos condiciones (reglas) y ocho herramientas de las ideas provocativas. Las dos reglas o principios que guían la solución creativa de problemas;

Principio del Ambiente Cerrado:

La solución creativa a un problema se basa principalmente en los componentes naturales contenidos en el "universo del problema" o en sus alrededores. Una solución creativa no añade nuevas características al sistema ni introduce nuevos tipos de objetos o diferentes a los presentes en el universo del problema.

Este principio considera que muchos de los problemas pueden ser resueltos manipulando las propiedades de uno de los componentes del sistema, tales como tamaño, forma, color, temperatura, posición, secuencia, orden, etc. Los objetos en el universo de los problemas pueden ser:

- *Objetos problema:* aquellos que crean el problema, los que transfieren el problema y los que se ven afectados (víctimas).
- *Objetos del entorno:* aquellos que se encuentran en el área del problema, pero no contribuyen o no se ven afectados. Puede contribuir a la solución.

El objetivo de este principio es forzar la búsqueda de la solución, usando preferentemente los recursos disponibles y no hacer el sistema más complicado y costoso.

Condición de Cambio Cualitativo:

Al menos uno de los factores agravantes en el universo del problema se convertirá en un factor beneficioso o neutral. En otras palabras, se intenta eliminar la causa principal del problema (un factor agravante), neutralizado o revertido.

Este principio obliga a encontrar ideas que no envuelvan soluciones de compromiso, esto significa, eliminar un factor agravante agregando otro factor agravante, o reduciendo el espectro de un factor útil.

Ejemplo, el aumento de la resistencia de un cable incrementando su espesor y peso, incrementando estos factores agravantes. Una solución ideal sería la de aumentar la resistencia sin aumentar el espesor y el peso del cable.

Las ocho herramientas

Para lograr la solución a un problema, podemos operar sobre objetos, estructura, funciones y atributos:

- ⬜ Un objeto se puede agregar, eliminado o alterado.
- ⬜ La estructura, una relación entre los objetos, se puede cambiar.
- ⬜ Una función puede ser añadida o eliminada.
- ⬜ Un atributo puede ser añadido, activa, quitar, desactivado o alterado.

Las ocho herramientas de las ideas de provocación se clasifican en tres categorías de acciones transformadoras; adición, eliminación y modificación, tal como se muestra en la tabla a continuación.

Adición	Agregar objeto	Multiplicación	Introduciendo una réplica o copia modificada de un objeto existente en el sistema o proceso actual (b)
Adición	Agregar función	Unificación	Asignación de una nueva función a un objeto o componente existente.
Eliminación	Remover objeto	Remoción de objeto	Eliminación de un objeto del sistema o proceso y la asignación de una función a otro objeto existente.
Eliminación	Remover función	Remoción de función	Extracción de una función de un proceso de objeto o sistema.
Modificación	Cambiar estructura	División	Dividiendo el objeto y reconfigurar o reorganizar las partes (c) Reorganizar puede significar ruptura o crear nuevas conexiones.

Modificación	Cambiar objeto	Cambiar objeto	El intercambio o sustitución de un objeto existente por otro objeto obtenido por la multiplicación.
Modificación	*Alterar atributo*	Alteración uniforme del atributo	Cambiar el atributo de manera uniforme.
Modificación	*Alterar atributo*	Ruptura de la simetría	Cambiar una situación por una situación asimétrica simétrica (d).

Notas:

- ☐ También es posible combinar dos o más herramientas para obtener una solución. Ejemplo: Eliminar un objeto y luego llenar su función por Unificación.
- ☐ Algunas pautas / posibilidades de multiplicación:
  - ☐ Multiplique el objeto y use la copia, con propiedades modificadas o no, para ejecutar algunas de las funciones del sistema.
  - ☐ Multiplique el objeto y modifique las propiedades de los objetos (original y copia), y utilícelos juntos en el sistema.
  - ☐ Multiplique el objeto, modifique las propiedades de las copias y combinarlos en un objeto complejo para obtener nuevas propiedades y funcionalidades.
- ☐ Algunas pautas / posibilidades para la división:
  - ☐ Dividir en partes independientes entre sí, de modo que cada parte realiza su propia función mejor.
  - ☐ Dividir en partes, de modo que sean fáciles de reemplazar o reparar si están dañadas.
  - ☐ Dividir en partes que son móviles en relación a las otras.
  - ☐ Dividir en partes de modo que el objeto (o sistema) se vuelve flexible.
  - ☐ Si algunas partes del objeto tienen propiedades indeseables, se divide el objeto en varias partes separadas para eliminar interferencias y permitir que las partes tengan sus propias propiedades y características deseadas.
  - ☐ Dividir en múltiples partes, por lo que las partes se vuelven fáciles de manejar o transferir.

- ⍰ Dividir en múltiples partes, con el fin de aumentar el área superficial y aumentar la interacción entre las partes o con otros objetos.
- ⍰ La asimetría puede ocurrir en tres situaciones:
    - ⍰ Asimetría espacial: en diferentes zonas del objeto serán diferentes los valores de la variable seleccionada.
    - ⍰ Asimetría temporal: en diferentes ocasiones habrá diferentes valores de la variable seleccionada, para el objeto seleccionado.
    - ⍰ Asimetría grupal: para cada objeto en el grupo existirán diferentes valores para la variable.

Esquema básico de solución de problemas.

En lugar de intentar encontrar directamente una solución específica al problema específico, en todas las variantes del pensamiento inventivo sistemático (TRIZ, USIT, ASIT, PIS, etc.) el objetivo es es explorar soluciones genéricas a problemas genéricos, formulado a partir de problemas específicos.

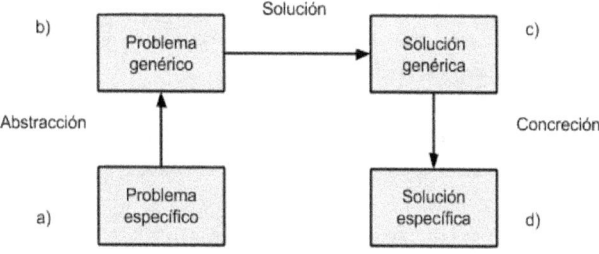

En este esquema, pasamos de un problema específico (a) a un nivel abstracto, es decir, un problema genérico (b), donde la esencia del problema original (a) se extrae descartando las **partes no esenciales**. Luego, mediante la aplicación de técnicas de creatividad se desarrolla una solución genérica (c) para el problema general (b). Por último, usando la solución general como puente, se desarrolla una solución específica (d) aplicable al problema específico (a). Evalúe la solución resultante específica y, si es necesario, repita el procedimiento usando otra herramienta de generación de ideas hasta encontrar una solución satisfactoria.

La ventaja de este sistema es que permite explorar soluciones conceptuales (soluciones genéricas), sin la necesidad de examinar de inmediato la viabilidad y las dificultades de implementación. Sin los filtros de la realidad, nuestra mente está libre para explorar soluciones óptimas que servirá de cimiento para la solución específica del problema real.

Cómo utilizarlo

La metodología de pensamiento inventivo sistemático se utiliza tanto para la solución de problemas como para la creación y desarrollo de nuevos productos y servicios. En la aplicación de la metodología para la solución creativa de problemas, los pasos siguientes deben ser observados:

- Definir el universo del problema; Establecer límites del entorno en el que se produce el problema e identificar los objetos existentes en este entorno.
- Identificar el *factor agravante;* Factor que torna la situación problemática y complicada. La causa del problema que debe ser removida o anulada.
- Determinar la acción deseada; Seleccione el objeto, atributo, función o estructura que debe ser añadido, eliminado o cambiado.
- Generar una solución genérica; Aplicar la herramienta seleccionada y generar ideas para resolver el problema.
- Desarrollar una solución específica; Adaptar una solución genérica a las limitaciones del mundo real. Establecer las condiciones necesarias para la solución funcione.

Ejemplos

Los siguientes son algunos ejemplos de uso de las **ocho herramientas** y de los condicionantes del Ambiente Cerrado y de Cambio Cualitativo:

Cómo utilizarla

La metodología de pensamiento inventivo sistemático se utiliza tanto para la solución de problemas como para la creación y desarrollo de nuevos productos y servicios. En la aplicación de la metodología para la solución creativa de problemas, los pasos siguientes deben ser observados:

- Definir el universo del problema; Establecer límites del entorno en el que se produce el problema e identificar los objetos existentes en este entorno.
- Identificar el *factor agravante;* Factor que torna la situación problemática y complicada. La causa del problema que debe ser removida o anulada.
- Determinar la acción deseada; Seleccione el objeto, atributo, función o estructura que debe ser añadido, eliminado o cambiado.
- Generar una solución genérica; Aplicar la herramienta seleccionada y generar ideas para resolver el problema.
- Desarrollar una solución específica; Adaptar una solución genérica a las limitaciones del mundo real. Establecer las condiciones necesarias para la solución funcione.

Ejemplos

Los siguientes son algunos ejemplos de uso de las **ocho herramientas** y de los condicionantes del Ambiente Cerrado y de Cambio Cualitativo:

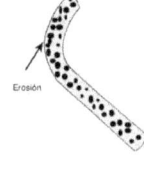

Erosión

Universo   del

5.1 Caso: Tubería curvada

Este ejemplo demuestra la aplicación de la herramienta **unificación** (adición). Una planta de procesamiento de granos usa tuberías curvas para el transporte de los granos, movidos por aire a presión. El problema es la erosión en la superficie de la curva por el choque de grano a alta velocidad.

problema: La tubería, los granos y el aire.

Solución: Utilizar su propio grano como elemento protector contra la erosión que generan los granos transportados, modificando la tubería. Se ha creado una zona de acumulación de granos en la curva, de modo que los granos acumulados absorban el impacto. Los granos asumen la función de proteger la tubería (herramienta de unificación), utilizando un componente del universo, sin la necesidad de introducir nuevos objetos, correspondiente a la condición de ambiente cerrado, siendo neutralizado el **factor agravante**, el grano en movimiento, se neutralizó, cumpliendo con la condición de cambio cualitativo.

5.2 Caso: Recolección de basura

En un pueblo, los trabajadores del sistema de recolección de residuos deben repetir, en cada casa, el siguiente procedimiento:

- Evitar la sala y pasar al jardín para tomar el contenedor de basura, que dispone de ruedas.
- Empujar el contenedor hacia el camión.
- Vaciar y traerlo de vuelta a su lugar, y
- Caminar a la siguiente casa, y repetir el procedimiento.

Universo del problema: El camión, el contenedor, la basura, el trabajador, el conductor y las casas.

Solución: Uno de los trabajadores tomó la iniciativa, e ingresó a la primera de las casas con un contenedor vacío, dejándolo en lugar del contenedor lleno, evitando entrar dos veces a cada casa.

Este caso ilustra el uso de la *herramienta de multiplicación*: la introducción de una copia del contenedor modelo utilizado, cumpliendo la *condición de ambiente cerrado* ya que no se incluye elemento externo alguno (una copia del existente). El *factor agravante* (movimiento excesivo del trabajador) fue reducido, cumpliendo con la *condición de cambio cualitativo*.

5.3 Otros ejemplos

Herramienta	Ejemplos de aplicación

Multiplicación	Cría de especies modificadas (producidos en el laboratorio) estériles para prevenir la proliferación de insectos nocivos para los cultivos.
Unificación	Smartphones con funciones como el correo electrónico, GPS, agenda, acceso a Internet, MP3, fotografía, calculadora, etc. Las agencias de lotería realizar funciones bancarias, ej: pago de facturas.
Eliminación de objeto	Restaurantes de autoservicio: la eliminación de los camareros y la asignación de funciones a los clientes.
Eliminación de función	Supermercado: la función de tomar los productos de la estantería fue adjudicado a los clientes. Los empleados se concentran en las tareas de almacenamiento de mercancías y registros de operación en efectivo.
División	Las funciones de las sucursales bancarias fueron segmentadas y algunas pueden ser realizadas en los cajeros automáticos o vía internet. Muebles modulares de rápido ensamblaje.
Ruptura de simetría	Tractores: las ruedas traseras son más grandes y largas, distribuyendo la presión sobre el suelo y reduciendo la compactación. Lentes bifocales.

Ha llegado al final del Volumen 2.

Visite la página oficial del libro, - y así adquirir el libro que incluye los tres volúmenes- y la de la serie - y adquirir alguno de los otros volúmenes.

No olvide dejar sus comentarios en la o través del Twitter

A seguir siendo creativo

Bibliografía

▢ Adams, James L. The Care & Feeding of Ideas – A Guide to Encouraging Creativity. Menlo Park. Addison Wesley, 1986.

▢ Amabile, Teresa M. Creativity in Context. Boulder. Westview, 1996.

▢ Amabile, Teresa M. e outros. Harvard Business Review on Breakthrough Thinking. Boston. HBS Press, 1999.

▢ Brown, Tim. Design Thinking. Río de Janeiro. Elsevier Editora Ltda, 2009.

▢ Buzan, Tony. Mapa Mental. Río de Janeiro. Sextante, 2009.

▢ De Bono, Edward. Criatividade Levada a Sério. São Paulo. Pioneira, 1994.

▢ Csikszentmihalyi, Mihaly. Creativity: Flow and the Psychology of Discovery and Invention. Harper Perennial, 1996.

▢ Fox, Mark L. A Practical Approach to Creative Thinking. www.slyasafox.com

▢ Horowitz, Roni. Introduction to ASIT. www.start2think.com

▢ Johansson, Frans. O Efeito Medici. Cruz Quebrada. Casa das Letras, 2007.

▢ Johnson, Steven. Where Good Ideas Come From. New York. Riverhead, 2010.

▢ Jand, George & Jarman, Beth. Ponto de Ruptura e Transformação. São Paulo. Cultrix, 1995.

▢ Kilmann, Ralph H. Gerenciando sem Recorrer a Soluções Paliativas. Río de Janeiro. Qualitymark, 1991.

▢ Lubart, Todd. Psicologia da Criatividade. Porto Alegre. Artmed, 2007.

▢ Lucchetti, Stefania. Ideas in reality – Making Your Ideas Happen. Hong Kong. Restless Travelers Publishing Ltd., 2011.

▢ McCoy, Charles W. Why Dind't I Think of That? Paramus. Prentice Hall Press, 2002.

▢ Michalko, Michael. Thinkertoys – A Handbook of Business Creativity. Berkeley. Ten Speed Press, 1991.

▢ Osborn, Alex F. O poder Criador da Mente. São Paulo. IBRASA, 1965.

▢ Plsek, Paul E. Creativity, Innovation and Quality. Milwaukee. ASQ Quality Press, 1997.

▢ Praher, Charles. Manager's Guide to Fostering Innovation and Creativity in Teams. New York.

McGraw Hill, 2010.

🔲 Sickafus, Ed. Unified Structured Inventive Thinking – A Overview. www.u-sit.net

🔲 Takahara, Toshio. Logical Enhancement of ASIT. www.triz-journal.com

🔲 Thompson, Charles. Ideias em Ação. São Paulo. Saraiva, 1996.

🔲 Torre, Saturnino de La. Criatividade Aplicada – Recursos para uma Formação Criativa. São Paulo. Madras Editora Ltda, 2008.

🔲 Treffing, Donald J. Creative Problem Solving – An Introduction. Buffalo. Prufrock Press, 2000.

🔲 VanGundy, Arthur. Getting to Innovation. New York. AMACON, 2007.

🔲 Vogt, Eric E. & Brown, Juanita & Isaacs, David. The Art of Powerful Questions. www.theworldcafe.com

🔲 Von Oech, Roger. Um Toc na Cuca. São Paulo. Cultura, 1988.

🔲 Yousuf, Muhammad Imran. Using Expert's Opinions through Delphi Technique. Practical Assessment, Research & Evaluation, Volume 12, Number 4, May 2007.

🔲 Zhang, Jun e outros. 40 Inventive Principles with Applications in Service Operations Management. www.triz-journal.com